부모은중경
(父母恩重經)

● 용주사는 서기 1790년 정조 14년에 사도세자의 원찰로 창건되었다. 정조대왕은 일찍이 보경스님으로부터 《부모은중경》의 설법을 들은 후 감동하여 보경스님에게 절을 창건하게 하고, 《부모은중경》을 목판 석판에 새기고 부모의 은혜를 단원 김홍도에게 그림을 그리게 하여 동판에 새겨 용주사에 시주하였다.

천고사경시리즈-4

부모은중경
(父母恩重經)

漢譯: 姚秦 三藏法師 鳩摩羅什
옮기고 엮은이: 裵勇元

하늘북

■ 사경의식 ■

○ 사경준비
  : 먹을 갈고 종이와 붓을 준비한 뒤 조용히 자리에 앉는다.(또는 펜이나 사인펜)
○ 입정: 죽비/ 목탁(3타)
  : 조용히 입정한다.
○ 사경 시작: 죽비/ 목탁(1타)
  : 붓을 들고 사경을 시작한다.
○ 사경 마침: 죽비/ 목탁(1타)
  : 사경을 마치고 사경 도구를 깨끗이 정리한 후 다시 입정한다.
○ 출정: 죽비/ 목탁(3타)
  : 출정한다.

【사경요령】
1. 경구를 사전에 준비하여서 정해진 시간 내에 쓸 수 있도록 한다.
2. 정성껏 써 내려가되 고치는 일이 없도록 사경삼매에 든다.
3. 만약에 틀리게 쓴 경우에는 지우거나 버리지 말고 틀린 글씨 옆에 바르게 쓴다.
4. 글씨 법을 알려 주거나 교정해 주지 않고 원문을 그대로 따라 쓴다.
5. 사경 시간에는 일체 잡담이나 불필요한 행동을 삼가 사경삼매를 성취한다.
6. 시간이 남게 되면 반복해서 쓰거나 입정한다.
7. 사경을 시작하면 정해진 분량을 완전히 마칠 수 있어야 한다.
8. 사경을 마친 후에는 주변을 정돈하여 사경한 흔적을 남기지 않는다.
9. 끝나기 (출정) 5분 전에 다시 입정에 든다.
10. 사경한 경전은 잘 보관하거나 널리 유통한다.

◉ 삼귀의
거룩하신 부처님께 귀의합니다.
거룩하신 가르침에 귀의합니다.
거룩하신 승가에 귀의합니다.

저희이제 이몸으로   다함없는 몸을나퉈
삼보님전 나아가서   낱낱예배 하나이다

◉ 정구업진언
수리수리 마하수리 수수리 사바하
수리수리 마하수리 수수리 사바하
수리수리 마하수리 수수리 사바하

◉ 오방내외안위제신진언
나무 사만다 못다남 옴 도로도로 지미 사바하
나무 사만다 못다남 옴 도로도로 지미 사바하
나무 사만다 못다남 옴 도로도로 지미 사바하

◉ 개경게

　위없이 심히 깊고 묘한 법이여
　백천만겁 지난들 어찌 만나리
　제가 이제 보고 듣고 받아 지니니
　부처님의 진실한 뜻 알아 지이다

◉ 개법장진언

　옴 아라남 아라다
　옴 아라남 아라다
　옴 아라남 아라다

불설대보부모은중경

姚秦 三藏法師 鳩摩羅什 奉詔譯
요진 삼장법사 구마라집 봉조역

제1편 서분
경을 설하게 된 연유緣由를 밝힘

이와 같이 나는 들었다. 한때 부처님께서 사위국의 왕사성에 있는 기수급고독원에서 삼만 팔천의 큰 비구 스님들과 많은 보살 마하살과 함께 계셨다.

제2편 경의 중심내용
제1장: 은혜를 갚는 인연
제1절: 여래께서 이마를 땅에 대고 공경히 절함

그때에 세존께서 대중을 거느리시고 남쪽으로 가시다가 한 무더기의 마른 뼈를

보셨다. 그때 여래께서는 오체투지로써 마른 뼈에 예배하셨다.

아난과 대중이 부처님께 여쭈었다.

『세존이시여, 여래께서는 삼계의 큰 스승이시며 사생의 자비로운 아버지이시기에 여러 사람들이 귀의하고 존경하는데 어찌하여 마른 뼈에 예배를 하십니까?』

제2절: 부처님께서 전세(前世)에 대하여 말씀하심

부처님께서 아난에게 말씀하시기를,

『네가 비록 나의 뛰어난 제자로 출가한 지 오래되었지만 아직 아는 것이 넓지 못하구나. 이 한 무더기의 뼈가 혹시 내 전생의 조상이거나 누대의 부모님 뼈일 수도 있기에 내가 지금 예를 갖추어 절을 하는 것이니라.』

제3절: (뼈를) 둘로 나누어 묻고 대답함

부처님께서 아난에게 이르시기를,

『네가 이 한 무더기의 마른 뼈를 가지고서 둘로 나누어 보아라. 만일 그것이 남자의 뼈라면 빛이 희고 무거울 것이요, 만일 여자의 뼈라면 빛이 검고 가벼울 것이니라.』

(이 말을 듣고서) 아난이 부처님께 여쭈었다.

『세존이시여, 남자는 세상에 있을 때 장삼에 띠를 매고 신을 신고 갓을 썼으면 바로 남자인 줄 아는 것이요, 여자는 세상에 있을 때 적주와 연지를 진하게 바르고 난사로 치장하면 바로 여자인 줄 알 수 있거니와 지금처럼 죽은 뒤에는 백골이 한 모양인데 제자로 하여금 어떻게 알라고 하십니까?』

부처님께서 아난에게 말씀하시기를,

『만일 남자라면 세상에 있을 적에 절에 가서 강의도 듣고 경도 외우며 삼보께 예배도 하고 염불도 하였기에 뼈가 희고 또 무거울 것이요, 여자는 세상에 있을 때에 음란한 욕심에 생각을 가지며 아들 딸을 낳고 기르는데 있어 한번 아이를 낳으려면서 말 서 되나 되는 엉긴 피를 흘리고 여덟 섬 너 말이나 되는 흰 젖을 먹여야 하기에 뼈가 검고 또 가벼운 것이니라.』

아난이 이 말씀을 듣고 마치 가슴을 도려내는 듯한 아픔에 눈물을 흘리며 슬피 울면서 부처님께 여쭈었다.

『세존이시여, (아버지) 어머니의 은덕을 어떻게 보답해야 하옵니까?』

제2장 은혜를 갚는데 정성을 다한다
제1절 오랜 달을 두고 자식을 낳아 기르는 수고

부처님이 아난에게 말씀하시기를,

『너는 지금 자세히 듣고 자세히 들어라. 내가 너를 위하여 분별하여 해설하리라. 어머니가 아이를 잉태하게 되면 열 달 동안 매우 아프고 괴롭느니라.

어머니가 잉태한 첫 달에는 (태아가) 마치 풀끝에 맺힌 이슬방울과 같아서 아침에 있다가도 저녁에는 없어지며, 이른 새벽에는 모여 들었다가 한낮이 되면 흩어져 버리느니라.

어머니가 잉태한 지 두 달이면 마치 엉긴 우유방울이 떨어져 부딪친 것과 같게 되느니라.

어머니가 잉태한지 석 달이면 태아가 마

치 엉긴 피와 같다.

어머니가 잉태한지 넉 달이면 차츰 사람의 형상을 이룬다.

어머니가 잉태한지 다섯 달이면 어머니의 뱃속에서 다섯 가지 모양이 생기나니, 무엇을 일러 다섯 가지 모양이라고 하느냐 하면, 머리가 그 하나요, 두 팔이 셋이 되고 두 무릎이 다섯이 되어 다섯 가지 모양이라 하느니라.

어머니가 잉태한지 여섯 달이 되면 어린 아기가 어머니의 뱃속에서 여섯 가지 정(精)이 열리게 되나니, 무엇을 일러 육정이라 하느냐 하면, 눈이 일정이요 귀가 이정이요 코가 삼정이요 입이 사정이요 혀가 오정이요 뜻을 육정이라 하느니라.

어머니가 잉태한지 일곱 달이면 아기가 어머니 뱃속에서 삼백 육십 개의 뼈마디와 팔만사천의 털구멍이 생기느니라.

어머니가 잉태한지 여덟 달이면 그 의식과 지혜가 생기고 아홉 개의 구멍이 자라나느니라.

어머니가 잉태한지 아홉 달이면 아기가 어머니 뱃속에서 무엇인가 먹게 되는데 복숭아 배 마늘은 받아들이지 않고 오곡의 맛만을 음미하게 되느니라.

어머니의 생장은 아래로 향하고 숙장은 위로 향한 곳에 한 산이 있으니, 이 산은 세 가지의 이름이 있다.

하나는 수미산(須彌山)이요, 둘은 업산(業山)이요, 셋은 혈산(血山)이라 한다.

이 산이 한번 무너져 내리면 변하여 한 줄기의 엉긴 피가 되어 아기의 입안으로 흘러 들어가느니라.

어머니가 잉태한지 열 달이면 바야흐로 태어나는 것이니, 만약 효순할 자식이면 손을 높이 들어 합장하고 태어나므로 어머니의 몸이 상하지 않고, 만약 오역할 자식이면 어머니의 포태를 깨뜨리고 손으로는 어머니의 심장과 간을 움켜쥐고 발로는 어머니의 골반을 힘주어 밟아서 어머니로 하여금 천 개의 칼로 배를 휘젓는 듯 하고 마치 만 개의 칼로 가슴을 저미는 듯하다.

이와 같은 고통을 겪으시며 이 몸을 낳으시니, 아직도 열 가지의 은혜가 남아있느니라.』

열 가지 노래로
부모님 은혜에 대하여 찬탄

회탐수호은_아이를 배어서 수호해주신 은혜

제 2절: 열 가지 노래로 (부모님 은혜를) 찬송

첫째는 아이를 배어서 수호해 주신 은혜이니 노래하기를,

여러 겁(劫)의 인연이 중하여
금생에 다시와 모태에 의탁했네.
한 달이 지나매 오장(五臟)이 생겨나고
일곱 달에 접어들자 육정이 열리도다.
몸은 무겁기가 큰 산과 같고
가고서는 몸가짐에 몹쓸 질병 겁이 나네.
비단옷은 도무지 걸치지 않으시고
화장하시던 거울에는 먼지만 묻어있네.

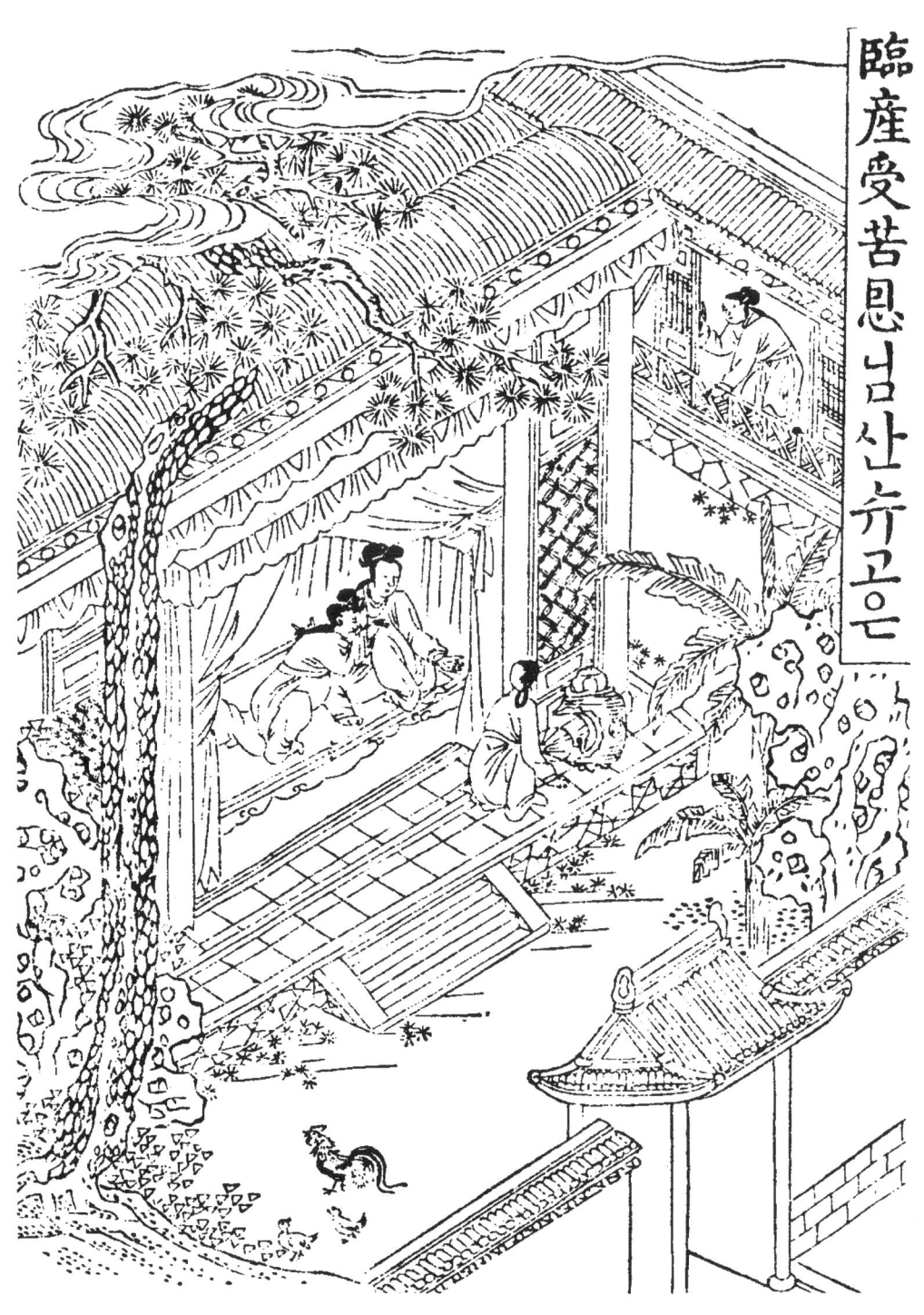

임산수고은_해산을 당하여 괴로움 받으신 은혜

둘째는 해산할 때 괴로움 받으시는 은혜이니 노래하기를,

아이 밴지 열 달이 지나니
해산의 어려움 장차 다가오려 하네.
아침 아침마다 중병에 걸린 듯이
나날이 정신도 흐려지네.
그 두려움 다 표현하기 어렵고
근심에 흐르는 눈물 옷깃을 적시네.
슬픔을 머금은 채 친족들에게 이르네.
이러다가 죽을까 두렵다고.

생자망우은_자식을 낳으시고 근심을 잊으시는 은혜

셋째는 자식을 낳고 모든 근심을 잊으신 은혜니 노래하기를,

어머니가 그대를 낳으시던 날
오장이 모두 갈라지고 터지는 듯
몸과 마음 모두 까무러쳤고,
피는 흘러 양을 잡은 듯
낳고서 아이 건강하단 말 듣고서
그 기쁨 평소의 갑절이나 되었네.
기쁨 가라앉자 슬픔 되살아나
아프고 괴로움이 마음속을 쑤시네.

咽苦吐甘恩

연고토감은_쓴 건 삼키고 단 건 뱉어 먹여주시는 은혜

넷째는 쓴 것은 삼키고 단 것은 뱉어 먹여주신 은혜이니 노래하기를,

부모님의 은혜는 깊고 무거우며
사랑하고 귀여워하심 잊을 때가 없네.
자식 사랑에 단 것은 뱉어 먹지를 않고
쓴 것은 삼키고도 눈살을 찌푸리지 않네.
다만 아이만을 배불리 먹이시고
자비하신 어머니는
굶주려도 말씀 아니 하시네.

회건취습은_아이는 마른자리에 눕혀놓고
어머니는 진자리에 누우신 은혜

다섯째는 아이는 마른자리에 뉘시고
어머니는 진자리에 누우신 은혜이니 노래하기를,

어머니 자신은 진자리에 눕고
아이는 마른자리 갈아서 뉘시네.
두 젖으로 굶주림과 목마름 채워주고
소맷자락으로 찬바람을 막아주네.
사랑으로 귀여워하시기에 잠도 설치고
아이의 재롱은 모두 기쁘기만 하셨네.
다만 아이만을 평온하게 하고
어머니는 평안을 구하지 않으시네.

유포양육은_젖을 먹여 길러주신 은혜

여섯째는 젖을 먹여 길러주신 은혜이니 노래하기를,

어머니의 은혜 땅에 비긴다면
아버지의 은혜 하늘과 짝하도다.
하늘이 덮어주고
땅이 실어주는 은공이 같듯이
아버지와 어머니의 마음 역시 그러하네.
눈이 없다해도 미워하질 않고
손발이 꼬부라졌대도 싫어하질 않네.
당신 배로 친히 낳은 자식이기에
종일토록 아끼고 사랑하시네.

세탁부정은_더러운 것을 씻어주신 은혜

일곱째는 깨끗하지 못한 것을 씻어주신 은혜이니 노래하기를,

생각건대 옛날의 아름답던 그 얼굴
아리따운 자태 소담하신 몸매
갈라진 눈썹은
푸른 버들잎 빛깔 같으시고,
붉은 두 뺨은 연꽃도 무색했네.
은혜가 깊을수록 옥같은 얼굴 여위시고
더러움을 씻다보니 이마에 주름만 느네.
오로지 아들 딸 사랑하시느라고
자비한 어머니 얼굴이 저리도 변하셨네.

원행억념은_자식이 멀리 떠나면 걱정하시는 은혜

여덟째는 자식이 멀리 가면 걱정하시는 은혜이니 노래하기를,

죽어서 이별이야 말할 것도 없거니와
살아서 생이별 더욱 마음 아파
자식이 집 떠나 멀리 나가면
어머니의 마음 또한 타향에 가 있네.
낮이나 밤이나 자식 생각하는 마음에
흐르는 눈물은 천 갈래나 되고
새끼를 사랑하는 어미 원숭이 울음처럼
자식 생각에 애간장이 다 끊기네.

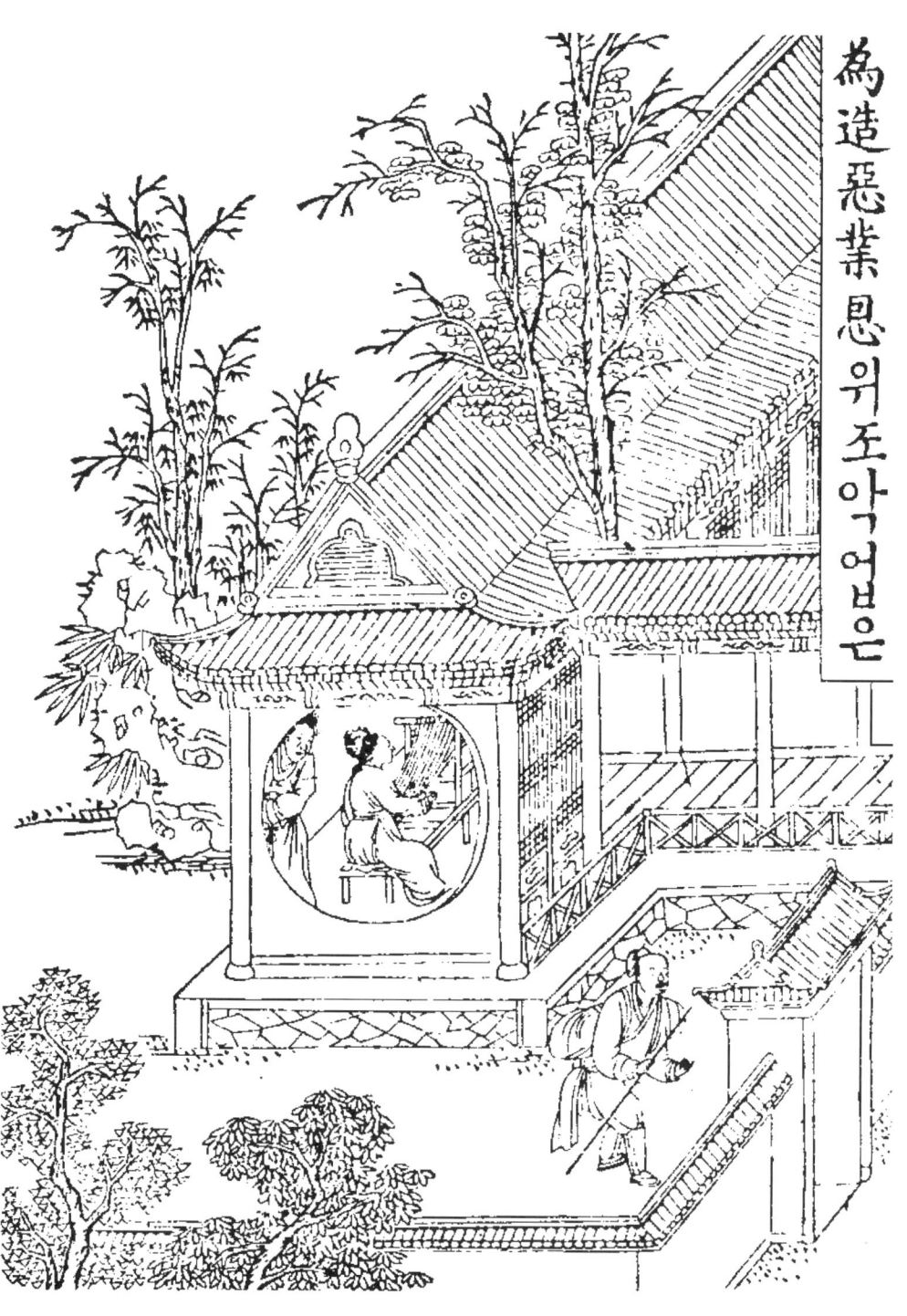

위조악업은_자식을 위해 모진 일도 다하시는 은혜

아홉째는 자식 위해 나쁜 일도 다하시는 은혜이니 노래하기를,

강처럼 산처럼 소중하신 부모님 은혜
깊을 사 그 은혜는 실로 갚기 어려워라.
자식의 괴로움을 대신 받기 원하시고
아이가 수고하면 어미 마음 편치 않네.
자식이 먼 길 떠난다는 말 들으시면
집 나간 밤부터 단잠을 설치시니
아들 딸이 잠깐 동안 괴로워해도
어머니 마음은 오래도록 쓰리시네.

구경연민은_끝까지 자식을 사랑하시는 은혜

열째는 끝까지 자식을 어여삐 여기시는 은혜이니 노래하기를,

부모의 크신 은혜 깊고도 무거워
사랑하고 어여삐 여기심 그칠 새 없네.
멀든지 가깝든지 항상 함께 하시네.
부모님 나이 들어 백 살이 넘어도
팔십된 그 자식을 항상 걱정하시네.
부모님의 간절한 사랑 언제 그치리이까.
이 목숨 다하여야 비로소 떠나가려나.

제3장: 불효의 행위가 심히 나쁨을 널리 설하심
제1절: 자식의 갖가지 허물을 손꼽아 헤아림

부처님께서 아난에게 말씀하시기를,

『내가 중생을 보니 비록 사람의 모양은 이루었으나 마음과 행동이 어리석고 어두워서, 부모님의 크신 은혜와 덕을 생각지 않고 공경하는 마음을 내지 않으며, 은혜를 버리고 덕을 배반하며 어질고 사랑하는 마음이 없어서 효도를 하지 않고 의리가 없느니라.

어머니가 아이를 가져 열 달 동안은 일어서고 앉는 것이 매우 불편하여 무거운 짐을 진 것과 같고 음식이 잘 소화되지 아니하여 마치 오랫동안 병든 사람과 같으니라.

달이 차서 아이를 낳을 때도 한없는 고통을 받아 잠깐 동안의 잘못으로 죽게 되

지나 않을까 하는 두려움에 싸이며 돼지나 양을 잡는 것처럼 피가 흘러 땅을 적시느니라.

 이러한 온갖 고통을 겪으면서도 이 몸을 낳으신 후 쓴 것은 삼키고 단 것은 뱉어서 먹이시며 안아 주고 업어서 기르신다.

 더러운 것을 빨아도 싫어하지 않으시고 더운 것도 참고 추운 것도 참아 온갖 고생되는 것을 마다하지 않으시며, 마른 곳을 골라서 자식을 눕히시고 자신은 젖은 곳에 주무시느니라.

 삼년 동안 어머니의 젖을 먹고 자라나서 마침내 나이가 들면 예절과 의리를 가르치며 장가나 시집도 보내고 벼슬자리에 내보내기 위하여 공부도 시키고 직업도 갖게 하느니라. 이렇게 힘써 애써 가르치고 하여도 그 은혜로운 정은 아직 끊어지지 않느니라.

아들이나 딸에게 병이 있으면 부모에게도 병이 생기고, 만일 자식의 병이 나으면 어머니의 병도 곧 낫는다. 이와 같이 양육하면서 성년이 되기를 바란다.

자식이 이윽고 다 자란 뒤에는 오히려 효도하지 않나니, 부모와 더불어 이야기를 나눔에도 마음이 맞지 않는다 하여 눈을 흘기고 눈동자를 굴리느니라.

큰아버지와 작은 아버지도 속이고 업신여기며 형제간에 서로 때리고 욕질하며 친척들을 헐뜯고 무시하며, 스승의 가르침도 따르지 않고 부모님의 가르침과 뜻도 따르지 않으며 형제간의 말도 일부러 어기느니라.

출입하고 왕래함에 있어서도 어른들께

말씀드리기는커녕 말과 행동이 교만하여 매사를 제멋대로 처리하느니라.

이런 것을 부모들이 타이르고 어른들이 그른 것을 바로 잡아 주어야 하거늘 어린 아이라고 생각하여 기뻐하고 가여워하며 웃어른들이 덮어주기만 하느니라. 그래서 점점 커가면서 사나와지고 비뚤어져서 응당 잘못한 일에도 반성하지 아니하고 오히려 성을 내어 달려들게 되느니라.

또한 좋은 벗을 버리고 나쁜 사람을 친구로 사귀며, 나쁜 습성이 드디어 성품이 되어 몹쓸 계획을 따르며, 남의 꾐에 빠져 타향으로 도망하여 마침내는 부모를 배반하게 되느니라.

집을 떠나고 고향을 이별하여 혹 장삿길로 나가거나 혹 싸움터에 나가서 그럭저럭

지내다가 갑자기 결혼이라도 하게 되면 이로 말미암아 여기에 빠져서 오랫동안 집에는 돌아오지 못하게 되느니라.

혹은 타향에서 행동을 삼가하고 조심하지 않다가 남의 꾐에 빠져 억울하게 형벌을 받기도 하고 감옥에 갇히어 손발에 쇠고랑을 차기도 하느니라.

혹은 우연히 병을 얻어 고난을 당하거나 모질고 사나운 운수에 얽혀 고통과 고난에 배고프고 고달파도 누구 하나 도와주는 사람도 없고 남의 미움과 천대 속에서 거리에 나앉는 신세가 되어 죽게 되어도 누가 구해 주고 돌봐줄 사람이 없으며, 시체가 붓고 썩어서 햇볕에 쪼이고 바람에 날려 백골만 뒹굴게 되느니라.

이렇게 타향 땅에 버려지면 친척들과 즐

겁게 만나기는 영원히 멀어지게 되느니라.

 이렇게 되면 부모님의 마음은 자식을 따라 길이 걱정하고 근심하며 혹은 피눈물로 슬피 울다가 눈이 어두워져 멀게 되고, 혹은 비통하고 애끓는 마음에 기가 막혀 병을 이루기도 하며 혹은 자식 생각에 몸이 쇠약해져 변고를 당하여 죽게 되며, 이로 인하여 외로운 혼이 원귀가 되어서도 자식 생각을 끝내 잊어버리지 못하느니라.

 혹은 다시 들으니, 자식이 효도와 의리를 숭상하지 아니하고 나쁜 무리들과 어울려서 몰려다니고 추악하고 거칠고 사나와져서, 무익한 일을 익히기 좋아 하고 싸움질하며 술 마시고 노름을 하여 결국 여러 잘못이 형제에까지 그 누를 끼치고 부모님의 마음을 어지럽히며 새벽에 나갔다가 저녁

늦게야 돌아와서 부모님을 걱정에 잠기게 하느니라.

부모님이 생활하시는 환경이 춥거나 덥거나 조금도 아랑곳하지 않고 아침 저녁이나 초하루 보름날에도 부모님을 편히 모실 생각은 조금도 않으며, 부모님이 연세가 들어 쇠약하고 야위게 되면 오히려 남이 볼까 부끄럽다고 괄시와 구박을 하느니라.

혹은 또 아버지가 홀로 되고 어머니가 홀로 되어 빈 방을 혼자서 지키게 되면, 마치 손님이 남의 집살이하는 것처럼 여기어 평상과 자리의 먼지와 흙을 털고 닦는 적이 없으며, 부모님이 있는 곳에 한 번도 들어가 문안하거나 살펴보는 일이 없고, 방이 춥거나 덥거나 또는 부모님이 배고파 하거나 목말라 하는 것을 알 까닭이 없느니라.

　이리하여 부모님은 밤낮으로 항상 슬퍼하고 탄식하게 하느니라. 혹 맛있는 음식을 얻으면 이것으로 부모님께 공양해야 함에도 불구하고 이를 도리어 부끄럽고 다른 사람들이 비웃는다 하면서도, 혹 좋은 음식을 보면 이것을 가져다가 제 아내와 자식은 주면서도 이것이 추하고 못났다 생각하지 않고 피로하고 수고로워도 부끄럽다 생각하지 않느니라.

　또 처첩과의 약속은 무슨 일이 있어도 잘 지키면서도 부모님의 말씀과 꾸지람은 어려워하거나 두렵게 생각하지 않느니라.

　혹은 딸자식일 경우 남의 배필이 되어 가게 되면 시집가기 전에는 모두 효도하고 순종하더니, 결혼한 후에는 불효한 마음이 점점 늘어나 부모가 조금만 꾸짖어도 원망을 하면서도 제 남편이 때리고 꾸짖는 것은 이를 참고 달게 여기느니라.

이처럼 성이 다른 남편 쪽 어른에게는 정이 깊고 사랑이 넘치면서도 친가의 골육에게는 도리어 멀리 대하느니라.

혹 남편을 따라서 타향으로 옮기게 되면 부모님을 이별하고서도 그리워하는 마음이 없으며 소식도 끊어지고 편지도 없어서 부모님으로 하여금 창자가 끊어지고 가슴이 결려 거꾸로 매달린듯하여 딸의 얼굴을 보고 싶어 하는 것이 마치 목마른 때에 물을 생각하듯 잠시도 쉴 때가 없는 것이니라.

이같이 부모님의 은덕은 한량이 없고 끝이 없건마는 불효의 죄는 마침내 이루 다 말할 수가 없느니라.』

이때 여러 대중들이 부처님께서 말씀하신 부모님의 은덕을 듣고 몸을 일으켜 땅에 던지고 스스로 부딪혀 몸의 털구멍마다 모두 피를 흘리며 기절하여 땅에 쓰러졌다가 한참 후에 깨어나서 큰 소리로 부르짖기를,

『마음이 괴롭고 아프옵니다. 우리들은 이제야 죄인임을 깊이 알게 되었습니다. 그동안은 아무것도 몰라 마치 깜깜한 밤에 길을 걷는듯하더니 이제야 깨닫고 그릇된 줄을 알고 보니 심장과 쓸개가 모두 부서지는 듯 합니다.

오직 원하옵건대 세존(부처님)이시여, 저희들을 불쌍히 여기시어 구원하여 주시옵소서. 어떻게 하여야 부모님의 깊은 은혜를 갚을 수 있겠나이까?』

제2절 : 여덟 가지의 비유를 끌어들여 말씀하심

이때 부처님께서는 곧 여덟 가지의 맑고 깊으며 깨끗한 음성으로 여러 사람들에게 말씀하시기를, 『너희들은 마땅히 알아야 할 것이니, 내가 이제 너희들을 위하여 분별하여 설명하리라.』

1. 『가령 어떤 사람이 왼쪽 어깨에 아버지를 업고 오른쪽 어깨로는 어머니를 업어 피부가 닳아서 뼈에 이르고 뼈가 닳아서 골수에 이르도록 수미산(세상의 중심에 있는 가장 큰 산)을 백천번 돌더라도 오히려 부모님의 은혜는 다 갚을 수가 없느니라.』

2. 『가령 어떤 사람이 굶주리는 흉년을 당하여 부모님을 위해 자신의 온 몸뚱이를

저미어내고 부수어서 마치 티끌 같이 잘게 갈아서 백 천겁이 지난다 하여도 오히려 부모님의 깊은 은혜는 다 갚을 수 없느니라.』

3. 『가령 어떤 사람이 손에 잘 드는 칼을 가지고 부모님을 위하여 자신의 눈동자를 도려내어 부처님께 바치기를 백 천겁이 지나도록 하여도 오히려 부모님의 깊은 은혜를 다 갚을 수 없느니라.』

4. 『가령 어떤 사람이 부모님을 위해 아주 잘 드는 칼로 자신의 심장과 간을 배어 피가 땅을 적시더라도 아프다는 말을 하지 않고 괴로움을 참으며 백 천겁이 지난다 하더라도 오히려 부모님의 깊은 은혜는 다 갚을 수 없느니라.』

주요수미_부모를 양 어깨에 업고 수미산을 도는 모양

5. 『가령 어떤 사람이 부모님을 위해 아주 잘 드는 칼로 자신의 몸을 찔러 칼날이 좌우로 드나들기를 백 천겁이 지나도록 하더라도 오히려 부모님의 깊은 은혜를 갚을 수가 없느니라.』

6. 『가령 어떤 사람이 부모님을 위하여 몸을 심지로 삼아 등불을 밝혀서 여래께 공양하기를 백 천겁이 지나도록 하더라도 오히려 부모님의 깊은 은혜를 갚을 수가 없느니라.』

7. 『가령 어떤 사람이 부모님을 위해 뼈를 부수고 골수를 꺼내며 또는 백 천개의 칼날과 창끝으로 동시에 몸을 쑤시기를 백 천겁이 지나도록 하여도 오히려 부모님의 은혜는 갚을 수가 없느니라.』

8.『가령 어떤 사람이 부모님을 위하여 뜨거운 무쇠 탄환을 삼켜 온 몸이 불타도록 하기를 백 천겁이 지나도록 하여도 오히려 부모님의 깊은 은혜는 다 갚을 수가 없느니라.』

제4장: 행위의 과보(결과)를 받는 일
제1절: 참회하고 선을 닦도록 열어 보임

이때 모든 사람들은 부처님께서 말씀하시는 부모님의 깊은 은덕을 듣고 눈물을 흘리고 슬피 울면서 부처님께 여쭈었다.

『부처님이시여, 저희들은 이제야 큰 죄인임을 알았습니다. 어떻게 하여야 부모님의 깊은 은혜를 갚을 수 있겠습니까?』

부처님께서 제자들에게 말씀하시기를,

『부모님의 은혜를 갚으려거든 부모님을 위하여 이 경전을 쓰고 부모님을 위하여 죄와 허물을 참회할 것이며, 부모님을 위하여 삼보(三寶)께 공양할 것이요, 부모님을 위하여 재계(齋戒)를 받아서 지니고, 부모님을 위하여 보시(布施)하고 복(福)을 닦을 것이니라. 만일 이와 같이 한다면 이는 효도하고 순종하는 자식이라 할 것이요, 그렇지 못한다면 이는 지옥에 떨어질 사람이 되리라.』

부처님께서 다시 아난에게 이르시기를,
『불효한 자식은 목숨을 마치게 되면 아비무간지옥에 떨어지느니라. 이 큰 지옥은 길이와 넓이가 팔만 유순이나 되고 사면에는 무쇠 성으로 되어 있고, 그 주위에는

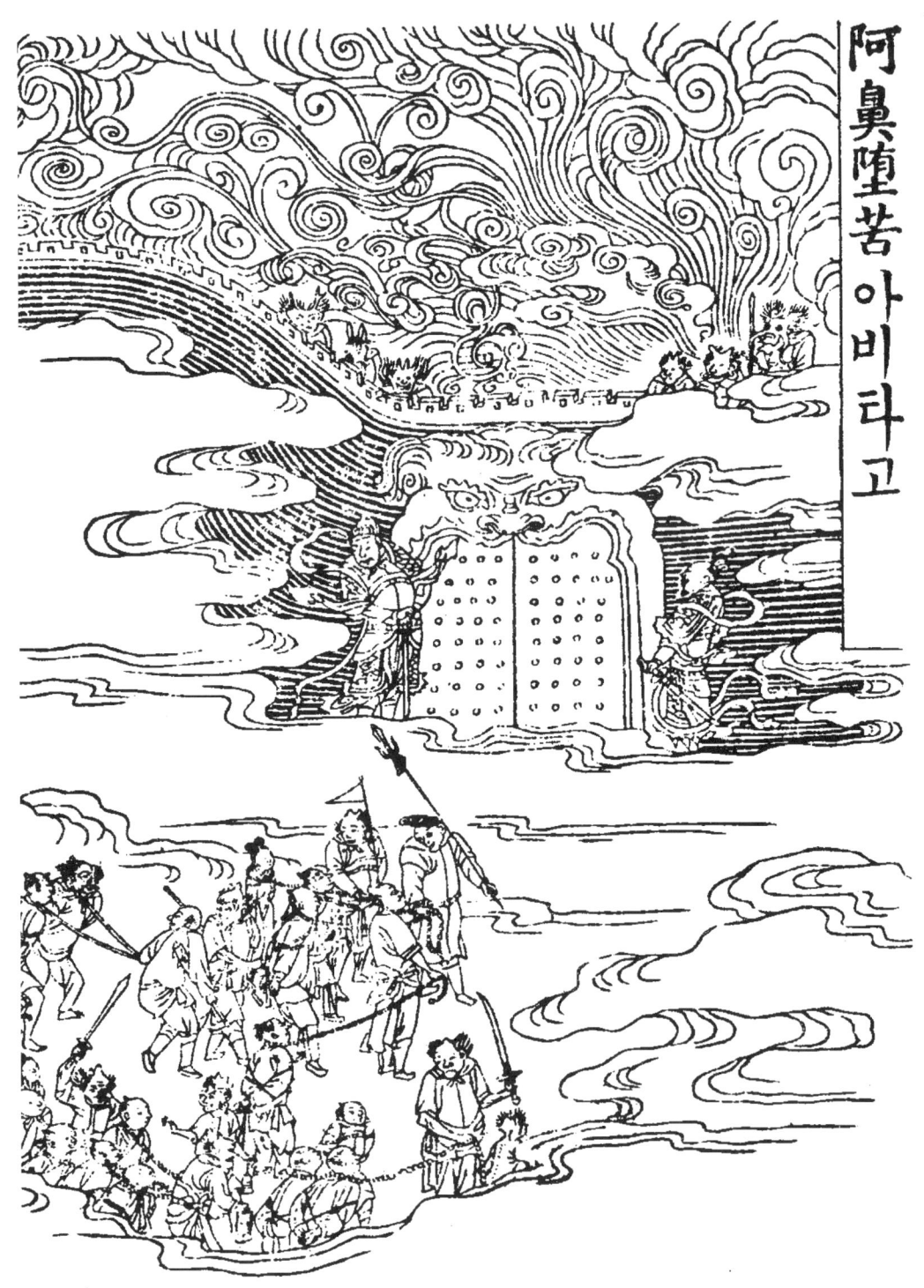

아비타고_불효로 아비지옥에 떨어져 고통을 받는 모양

다시 철망으로 둘러싸여 있느니라.

그리고 그 땅은 붉은 무쇠로 되어 있는데 맹렬한 불길이 훨훨 타오르며 우레가 치고 번개가 번쩍이느니라.

여기서 끓는 구리와 무쇠 물을 죄인의 입에 부어 넣으며 무쇠로 된 뱀과 구리로 된 개가 항상 연기와 불꽃을 토하는데 이 불은 죄인을 태우고 지지고 볶아 기름이 지글지글 끓게 되니 그 고통과 슬픔은 견딜 수가 없느니라.

그 위에 무쇠 채찍과 무쇠 꼬챙이 무쇠 망치와 무쇠, 창 그리고 칼과 칼날이 비와 구름처럼 공중으로부터 쏟아져 내려 사람들을 이리저리 베고 찌르느니라.

이렇듯 죄인들을 괴롭히고 벌을 내리는 것을 여러 겁이 지나도록 고통을 받게 하여 잠시도 쉴 사이가 없느니라.

또 이 사람을 다시 다른 지옥으로 데리고 가서 머리에 불화로를 이고 무쇠로 만든 수레로 사지를 찢어서 창자와 뼈와 살이 불타고 찢어져서 하루에도 천만번을 죽었다가 살아나게 하느니라. 이렇게 고통을 받는 것은 모두 전생에 오역의 불효한 죄를 지었기 때문에 이러한 죄를 받는 것이니라.』

이때 모든 사람들이 부처님께서 부모님의 은덕을 말씀하시는 것을 듣고 눈물을 흘리며 부처님께 여쭈옵기를,

『저희들은 이제 어떻게 해야 부모님의 깊은 은혜를 갚을 수 있겠습니까?』

이에 부처님께서 제자들에게 말씀하시길,

『부모님의 은혜를 갚으려거든 부모님을 위하여 이 경전을 거듭 펴내는 일을 하도록 하라. 이것이 참으로 부모님의 은혜를 갚는 것이 되느니라.

경전 한권을 만들면 한 부처님을 뵐 수 있을 것이오, 열 권을 만들면 열 부처님을 뵈올 수 있을 것이오, 백 권을 만들면 백 부처님을 뵈올 수 있을 것이오, 천 권을 만들면 천 부처님을 뵈올 수 있을 것이요, 만 권을 만들면 만 부처님을 뵈올 수 있을 것이니라.

이렇게 한다면 이런 사람은 경전을 만든 공덕으로 말미암아 모든 부처님들이 오셔서 항상 보호해 주시는 까닭에 이 사람의 부모로 하여금 천상극락으로 태어나게 하여 여러 가지 즐거움을 받으며 영원히 지

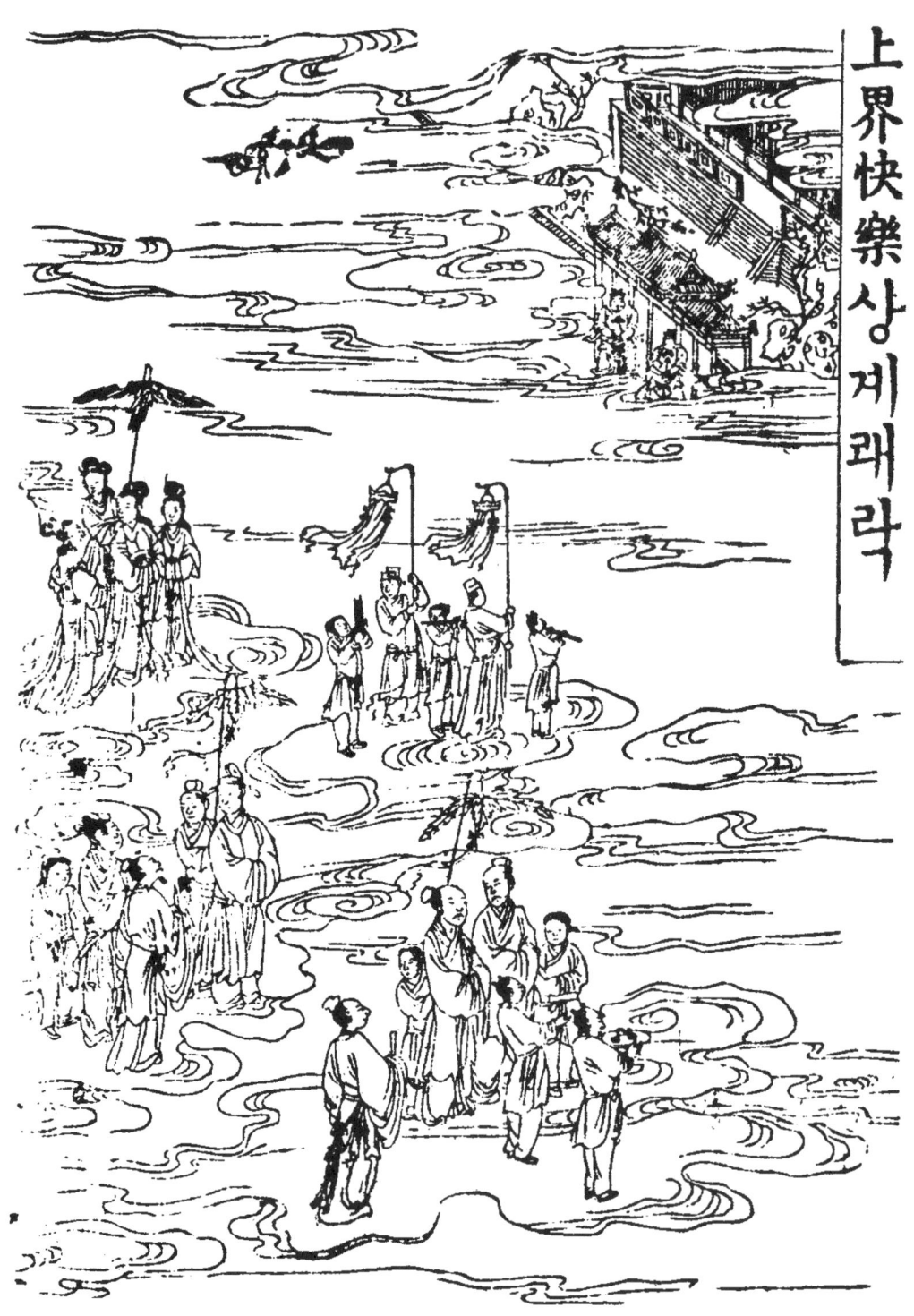

상계쾌락_극락세계에 태어나 기쁨을 누리는 모양

옥의 괴로움을 면하게 할 것이니라.』

제3편: 경전의 가르침을 유통·유포하는 부분
제1장: 팔부중(불법 수호하는 영적인 존재들)의 서원

이때 대중들 가운데 있던 아수라·가루라·긴나라·마후라가·사람인 듯 사람 아닌 존재들과 하늘·용·야차·건달바와 또 여러 작은 나라의 왕들과 전륜성왕들과 모든 대중들이 부처님의 말씀을 듣고 각각 이렇게 발원하며 말하기를,

『저희들은 미래 세상이 다할 때까지 차라리 이 몸이 부셔져 작은 티끌과 같이 되어서 백 천겁을 지나더라도 맹세코 부처님의 가르침을 어기지 않겠습니다.

차라리 백 천겁 동안 혀를 백 유순이 되

도록 길게 빼내어 이것을 쇠보습으로 갈아서 피가 흘러 강을 이룬다 해도 맹세코 부처님의 가르침을 어기지 않겠습니다.

차라리 백천 자루의 칼로 이 몸을 좌우로 찌르고 뽑아내더라도 맹세코 부처님의 가르침을 어기지 않겠습니다.

차라리 쇠그물로 이 몸을 두루 감아 얽어서 백 천 겁을 지나더라도 맹세코 부처님의 가르침을 어기지 않겠습니다.

차라리 작두와 방아로 이 몸을 썰고 찧고 하여 백 천만 조각을 내어 가죽과 살과 힘줄과 뼈가 모두 가루가 되어 백 천겁을 지나더라도 끝내 부처님의 가르침을 어기지 않겠습니다.』

제2장 : 부처님께서 경의 이름을 말씀함

이때 아난존자가 부처님께 여쭙기를,

『세존이시여 이 경을 무엇이라 이름하며 어떻게 받들어 지니오리까?』

부처님께서 다시 아난존자에게 말씀하시기를,

『이 경은 《대보부모은중경》이라 할 것이니, 이러한 이름으로서 너희들이 항상 받들어 지닐지니라.』

제3장 : 사람들과 천상의 존재들이 받들어 지님

이때 대중 가운데 천상의 존재와 인간과 아수라 등이 부처님께서 설하신 말씀을 듣고 모두 크게 기뻐하여, 이 말씀을 믿고 받아 지니어 그대로 행할 것을 맹세하고 절하고 물러갔다.

◉ 삼귀의(三歸依)

거룩하신 부처님께 귀의합니다.
거룩하신 가르침에 귀의합니다.
거룩하신 승가에 귀의합니다.

저희이제 이몸으로　다함없는 몸을나눠
삼보님전 나아가서　낱낱예배 하나이다

◉ 정구업진언(淨口業眞言)

수리수리 마하수리 수수리 사바하
수리수리 마하수리 수수리 사바하
수리수리 마하수리 수수리 사바하

◉ 오방내외안위제신진언(五方內外安慰諸神眞言)

나무 사만다 못다남 옴 도로도로 지미 사바하
나무 사만다 못다남 옴 도로도로 지미 사바하
나무 사만다 못다남 옴 도로도로 지미 사바하

◉ 개경게(開經偈)

無上深深微妙法
무 상 심 심 미 묘 법

百千萬劫難遭遇
백 천 만 겁 난 조 우

我今聞見得受持
아 금 문 견 득 수 지

願解如來眞實義
원 해 여 래 진 실 의

◉ 개법장진언(開法藏眞言)

옴 아라남 아라다

옴 아라남 아라다

옴 아라남 아라다

佛說大報父母恩重經
불설대보부모은중경

姚秦 三藏法師 鳩摩羅什 奉詔譯
요진 삼장법사 구마라집 봉조역

第一編 序分
제일편 서분

如是我聞 一時佛在舍衛國 王舍城 祇樹
여시아문 일시불재사위국 왕사성 기수

給孤獨園 與大比丘三萬八千人 菩薩摩
급고독원 여대비구삼만팔천인 보살마

訶薩衆俱
하살중구

第二編 正宗分
제이편 정종분

第一章 報恩因緣
제일장 보은인연

第一節 如來頂禮
제일절 여래정례

爾時世尊 將領大衆 往詣南行 見一堆枯
이시세존 장령대중 왕예남행 견일퇴고

骨　爾時如來　五體投地　禮拜枯骨　阿難
골　이시여래　오체투지　예배고골　아난

大衆　白佛言　世尊　如來是三界大師　四
대중　백불언　세존　여래시삼계대사　사

生慈父　衆人歸敬　云何禮拜枯骨
생자부　중인귀경　운하예배고골

第二節　佛因宿世
제이절　불인숙세

佛告阿難　汝雖是吾上足弟子　出家深遠
불고아난　여수시오상족제자　출가심원

知事未廣　此一堆枯骨　或是我前世翁祖
지사미광　차일퇴고골　혹시아전세옹조

累世爺孃　吾今禮拜
누세야양　오금예배

第三節　二分問答
제삼절　이분문답

佛告阿難　汝將此一堆枯骨　分作二分　若
불고아난　여장차일퇴고골　분작이분　약

是男子骨頭　白了又重　若是女人骨頭　黑
시남자골두　백료우중　약시여인골두　흑

了又輕 阿難 白佛言 世尊 男人在世 衫
료우경 아난 백불언 세존 남인재세 삼

帶靴帽裝裹 卽知是男兒之身 女人在世
대화모장과 즉지시남아지신 여인재세

濃塗赤咮臙脂 蘭麝裝裹 卽知是女流之
농도적주연지 난사장과 즉지시여류지

身 如今死後 白骨一般 敎弟子 如何認
신 여금사후 백골일반 교제자 여하인

得 佛告阿難 若是男人 在世之時 入於
득 불고아난 약시남인 재세지시 입어

伽藍 聽講誦經 禮拜三寶 念佛名字 所
가람 청강송경 예배삼보 염불명자 소

以骨頭 白了又重 女人在世 恣情淫欲
이골두 백료우중 여인재세 자정음욕

生男養女 一廻生箇孩兒 流出 三斗三勝
생남양녀 일회생개해아 유출 삼두삼승

凝血 飮孃八斛四斗白乳 所以骨頭 黑了
응혈 음양팔곡사두백유 소이골두 흑료

又輕 阿難 聞語 痛割於心 垂淚悲泣 白
우경 아난 문어 통할어심 수루비읍 백

佛言 世尊 母恩德者 云何報答
불언 세존 모은덕자 운하보답

第二章 歷陳恩愛
제이장 역진은애

第一節 彌月劬勞
제일절 미월구로

佛告阿難 汝今諦聽諦聽 吾今爲汝 分別
불고아난 여금제청제청 오금위여 분별

解說 阿孃懷子十月之中 極是辛苦 阿孃
해설 아양회자시월지중 극시신고 아양

一箇月 懷胎 恰如草頭上珠 保朝不保暮
일개월 회태 흡여초두상주 보조불보모

朝晨聚將來 午時 消散去 阿孃二箇月懷
조신취장래 오시 소산거 아양이개월회

胎 恰如撲落凝蘇 阿孃三箇月懷胎 恰如
태 흡여박락응소 아양삼개월회태 흡여

凝血 阿孃四箇月懷胎 稍作人形 阿孃五
응혈 아양사개월회태 초작인형 아양오

箇月懷胎 在孃腹中 生五胞 何者名爲五
개월회태 재양복중 생오포 하자명위오

胞 頭爲一胞 兩肘爲三胞 兩膝爲五胞
포 두위일포 양주위삼포 양슬위오포

阿孃六箇月懷胎 孩兒在孃腹中 六精 開
아양육개월회태 해아재양복중 육정 개

何者名爲六精 眼爲一精 耳爲二精 鼻爲
하자명위육정 안위일정 이위이정 비위

65

三精 口是四精 舌是五精 意爲六精阿孃
삼정 구시사정 설시오정 의위육정아양

七箇月懷胎 孩兒在孃腹中 生三百六十
칠개월회태 해아재양복중 생삼백육십

骨節 八萬四千毛孔 阿孃八箇月懷胎 生
골절 팔만사천모공 아양팔개월회태 생

其意智 長其九竅 阿孃九箇月懷胎 孩兒
기의지 장기구규 아양구개월회태 해아

在孃腹中 喫食 不飡桃梨蒜菓 五穀飮味
재양복중 끽식 불찬도리산과 오곡음미

阿孃生藏 向下熟藏向上 有一座山 此山
아양생장 향하숙장향상 유일좌산 차산

有三般名字 一號 須彌山 二號 業山 三
유삼반명자 일호 수미산 이호 업산 삼

號 血山此山 一度崩來 化爲一條凝血
호 혈산차산 일도붕래 화위일조응혈

流入孩兒口中 阿孃十箇月懷胎 方乃降
유입해아구중 아양십개월회태 방내강

生 若是孝順之男 擎拳合掌而生 不損阿
생 약시효순지남 경권합장이생 불손아

孃 若是五逆之子 擘破阿孃胞胎 手攀阿
양 약시오역지자 벽파아양포태 수반아

孃心肝 脚踏阿孃胯骨 敎孃如千刀攪腹
양심간 각답아양과골 교양여천도교복

恰似萬刃攢心 如斯痛苦 生得此身 猶有
흡사만인찬심 여사통고 생득차신 유유

十恩
십은

第二節 十偈讚頌
제이절 십게찬송

第一 懷躭守護恩 頌曰
제일 회탐수호은 송왈

累劫因緣重　　今來託母胎
누겁인연중　　금래탁모태

月逾生五藏　　七七六精開
월유생오장　　칠칠육정개

體重如山岳　　動止㤼風災
체중여산악　　동지겁풍재

羅衣都不掛　　裝鏡惹塵埃
나의도불괘　　장경야진애

第二 臨産受苦恩 頌曰
제이 임산수고은 송왈

懷經十箇月　　産難欲將臨
회경십개월　　산난욕장림

朝朝如重病　　日日似惛沈
조조여중병　　일일사혼침

惶怖難成記　愁淚滿胸襟
황포난성기　수루만흉금

含悲告親族　猶懼死來侵
함비고친족　유구사래침

第三 生子忘憂恩 頌曰
제삼　생자망우은　송왈

慈母生君日　五臓摠開張
자모생군일　오장총개장

身心俱悶絶　流血似屠羊
신심구민절　유혈사도양

生已聞兒健　歡喜倍加常
생이문아건　환희배가상

喜定悲還至　痛苦徹心膓
희정비환지　통고철심장

第四 咽苦吐甘恩 頌曰
제사　연고토감은　송왈

父母恩深重　恩憐無失時
부모은심중　은련무실시

吐甘無所食　咽苦不嚬眉
토감무소식　연고불빈미

愛重情難忍　恩深復倍悲
애중정난인　은심부배비

但令孩子飽　慈母不辭飢
단령해자포　자모불사기

第五 回乾就濕恩 頌曰
제오 회건취습은 송왈

母自身俱濕　　將兒以就乾
모자신구습　　장아이취건

兩乳充飢渴　　羅袖掩風寒
양유충기갈　　나수엄풍한

恩憐恒廢寢　　寵弄盡能歡
은련항폐침　　총롱진능환

但令孩子穩　　慈母不求安
단령해자온　　자모불구안

第六 乳哺養育恩 頌曰
제육 유포양육은 송왈

慈母象於地　　嚴父配於天
자모상어지　　엄부배어천

覆載恩將等　　父孃意亦然
부재은장등　　부양의역연

不憎無眼目　　不嫌手足攣
부증무안목　　불혐수족련

誕腹親生子　　終日惜兼憐
탄복친생자　　종일석겸련

第七 洗濯不淨恩 頌曰
제칠 세탁부정은 송왈

憶昔美容質　　姿媚甚豊濃
억석미용질　　자미심풍농

眉分翠柳色　　兩臉奪蓮紅
미분취류색　　양검탈연홍

恩深摧玉貌　　洗濯損盤龍
은심최옥모　　세탁손반룡

只爲憐男女　　慈母改顏容
지위연남녀　　자모개안용

第八 遠行憶念恩 頌曰
제팔 원행억념은 송왈

死別誠難忘　　生離實亦傷
사별성난망　　생리실역상

子出關山外　　母意在他鄉
자출관산외　　모의재타향

日夜心相逐　　流淚數千行
일야심상축　　유루수천항

如猿泣愛子　　憶念斷肝腸
여원읍애자　　억념단간장

第九 爲造惡業恩 頌曰
제구 위조악업은 송왈

父母江山重　　恩深報實難
부모강산중　　은심보실난

子苦願代受　　兒勞母不安
자고원대수　　아로모불안

聞道遠行去　　行遊夜臥寒
문도원행거　　행유야와한

男女暫辛苦　　　　長使母心酸
남녀잠신고　　　　장사모심산

第十　究竟憐愍恩　頌曰
제십　구경연민은　송왈

父母恩深重　　　　恩憐無歇時
부모은심중　　　　은련무헐시

起坐心相逐　　　　遠近意常隨
기좌심상축　　　　원근의상수

母年一百歲　　　　常憂八十兒
모년일백세　　　　상우팔십아

欲知恩愛斷　　　　命盡始分離
욕지은애단　　　　명진시분리

第三章　廣說業難
제삼장　광설업난

第一節　指數諸愆
제일절　지수제건

佛告阿難　我觀衆生　雖紹人品　心行愚蒙
불고아난　아관중생　수소인품　심행우몽

不思爺孃　有大恩德　不生恭敬　棄恩背德
불사야양　유대은덕　불생공경　기은배덕

無有仁慈　不孝不義　阿孃懷子十月之中
무유인자　불효불의　아양회자시월지중

起坐不安 如擎重擔 飮食不下 如長病人
기좌불안 여경중담 음식불하 여장병인

月滿生時 受諸苦痛 須臾好惡 恐爲無常
월만생시 수제고통 수유호오 공위무상

如殺猪羊 血流遍地 受如是苦 生得此身
여살저양 혈유변지 수여시고 생득차신

咽苦吐甘 抱持養育 洗濯不淨 不憚劬勞
연고토감 포지양육 세탁부정 불탄구로

忍熱忍寒 不思辛苦 乾處兒臥 濕處母
인열인한 불사신고 건처아와 습처모

眠 三年之中 飮母白血 嬰孩童子 乃至
면 삼년지중 음모백혈 영해동자 내지

盛年 奬敎禮義 婚嫁官學 備求資業 携
성년 장교예의 혼가관학 비구자업 휴

賀艱辛 勤苦之終 不言恩絶 男女有病
하간신 근고지종 불언은절 남녀유병

父母病生 子若病愈 慈母方差 如斯養育
부모병생 자약병유 자모방차 여사양육

願早成人 及其長成 反爲不孝 尊親共語
원조성인 급기장성 반위불효 존친공어

應對仰怳 拗眼戾睛 欺凌伯叔 打罵兄
응대앙강 요안려정 기릉백숙 타매형

弟 毁辱親情 無有禮義 不遵師範 父母
제 훼욕친정 무유예의 부준사범 부모

教令 元不依從 兄弟共言 故相拗戾 出
교령 원불의종 형제공언 고상요려 출

入往來 不啓尊人 言行 高踈 擅意爲事
입왕래 불계존인 언행 고소 천의위사

父母訓罰 伯叔 語非 童幼 憐愍 尊人
부모훈벌 백숙 어비 동유 연민 존인

遮護 漸漸長成 狠戾不調 不伏虧違 反
차호 점점장성 흔려부조 불복휴위 반

生嗔恨 棄諸親友 朋附惡人 習已性成
생진한 기제친우 붕부악인 습이성성

遂爲狂計 被人誘引 逃竄他鄉 違背爺孃
수위광계 피인유인 도찬타향 위배야양

離家別貫 或因經紀 或爲征行 荏苒因循
이가별관 혹인경기 혹위정행 임염인순

便爲婚娶 由斯留礙 久不還家
변위혼취 유사유애 구불환가

或在他鄉 不能謹愼 被人謀點 橫事勾牽
혹재타향 불능근신 피인모점 횡사구견

枉被刑責 牢獄伽鎖 或遭病患 厄難縈纏
왕피형책 뇌옥가쇄 혹조병환 액난영전

困苦飢羸 無人看時 被他嫌賤 倚棄街衢
곤고기리 무인간시 피타혐천 의기가구

因此命終 無人救療 膨脹爛壞 日曝風吹
인차명종 무인구료 팽창난괴 일폭풍취

73

白骨 飄零 寄他鄉土 便與親族 歡會長
백골 표령 기타향토 변여친족 환회장

乖 父母 心隨 永懷憂念 或因啼血 眼闇
괴 부모 심수 영회우념 혹인제혈 안암

目盲 或爲悲哀 氣咽成病 或緣憶子 衰
목맹 혹위비애 기연성병 혹연억자 쇠

變死亡 作鬼抱魂 不曾割捨
변사망 작귀포혼 부증할사

或復聞子 不崇孝義 朋逐異端 無賴麤頑
혹부문자 불숭효의 붕축이단 무뢰추완

好習無益 鬪打竊盜 觸犯鄉閭 飮酒樗蒲
호습무익 투타절도 촉범향려 음주저포

奸非過失 帶累兄弟 惱亂爺孃 晨去暮還
간비과실 대루형제 뇌란야양 신거모환

尊親 憂念 不知父母 動止寒溫 晦朔朝
존친 우념 부지부모 동지한온 회삭조

晡 永乖扶侍 父母年邁 形貌衰羸 羞恥
포 영괴부시 부모연매 형모쇠리 수치

見人 嗔呵欺抑 或復父孤母寡 獨守空堂
견인 진가기억 혹부부고모과 독수공당

猶若客人 寄住他舍 床席塵土
유약객인 기주타사 상석진토

拂拭無時 參問起居 從斯斷絶 寒溫飢渴
불식무시 참문기거 종사단절 한온기갈

曾不聞知 晝夜恒常 自嗟自歎 應賚饌物
증불문지 주야항상 자차자탄 응뢰찬물

供養尊親 每詐羞慚 異人怪笑 或持時食
공양존친 매사수참 이인괴소 혹지시식

供給妻兒 醜拙疲勞 無避羞恥 妻妾約束
공급처아 추졸피로 무피수치 처첩약속

每事依從 尊者嗔喝 全無畏懼
매사의종 존자진할 전무외구

或復是女 通配他人 未嫁之時 咸皆孝順
혹부시녀 통배타인 미가지시 함개효순

婚嫁已訖 不孝遂增 父母微嗔 卽生怨恨
혼가이흘 불효수증 부모미진 즉생원한

夫壻打罵 忍受甘心 異姓他宗 情深眷重
부서타매 인수감심 이성타종 정심권중

自家骨肉 却已爲踈 或隨夫壻外郡他鄉
자가골육 각이위소 혹수부서외군타향

離別爺孃 無心戀慕 斷絕消息 音信不
이별야양 무심연모 단절소식 음신 불

通 令使爺孃 懸腸掛肚 常已倒懸 每思
통 영사야양 현장괘두 상이도현 매사

見面 如渴思漿 無有休息 父母恩德 無
견면 여갈사장 무유휴식 부모은덕 무

量無邊 不孝之愆 卒陳難報
량무변 불효지건 졸진난보

爾時大衆　聞佛所說父母恩德　擧身投地
이시대중　문불소설부모은덕　거신투지

渾推自撲　身毛孔中　悉皆流血　悶絕辟地
혼퇴자박　신모공중　실개유혈　민절벽지

良久乃蘇　高聲唱言　苦哉痛哉　我等今者
양구내소　고성창언　고재통재　아등금자

深是罪人　從來未覺　冥若夜遊　今悟知非
심시죄인　종래미각　명약야유　금오지비

心膽俱碎　惟願世尊　哀愍救拔　云何報得
심담구쇄　유원세존　애민구발　운하보득

父母深恩
부모심은

第二節　援喩八種
제이절　원유팔종

爾時如來　卽以八種　深重梵音　告諸大衆
이시여래　즉이팔종　심중범음　고제대중

汝等當知　吾今爲汝　分別解說
여등당지　오금위여　분별해설

假使有人　左肩擔父　右肩擔母　研皮至骨
가사유인　좌견담부　우견담모　연피지골

骨穿至髓　遶須彌山　經百千匝　猶不能報
골천지수　요수미산　경백천잡　유불능보

父母深恩
부모심은

假使有人 遭飢饉劫 爲於爺孃 盡其己身
가사유인 조기근겁 위어야양 진기기신

臠割碎壞 猶如微塵 經百千劫 猶不能報
연할쇄괴 유여미진 경백천겁 유불능보

父母深恩
부모심은

假使有人 手執利刀 爲於爺孃 剜其眼睛
가사유인 수집이도 위어야양 완기안정

獻於如來 經百千劫 猶不能報父母深恩
헌어여래 경백천겁 유불능보부모심은

假使有人 爲於爺孃 亦以利刀 割其心肝
가사유인 위어야양 역이이도 할기심간

血流遍地 不辭痛苦 經百千劫 猶不能報
혈류변지 불사통고 경백천겁 유불능보

父母深恩
부모심은

假使有人 爲於爺孃 百千刀輪 於自身中
가사유인 위어야양 백천도륜 어자신중

左右出入 經百千劫 猶不能報父母深恩
좌우출입 경백천겁 유불능보부모심은

假使有人 爲於爺孃 體卦身燈 供養如來
가사유인 위어야양 체괘신등 공양여래

經百千劫 猶不能報父母深恩
경백천겁 유불능보부모심은

假使有人 爲於爺孃 打骨出髓 百千鋒戟
가사유인 위어야양 타골출수 백천봉극

一時刺身 經百千劫 猶不能報父母深恩
일시자신 경백천겁 유불능보부모심은

假使有人 爲於爺孃 呑熱鐵丸 經百千劫
가사유인 위어야양 탄열철환 경백천겁

遍身燋爛 猶不能報父母深恩
변신초란 유불능보부모심은

第四章 果報顯應
제사장 과보현응

第一節 啓發懺修
제일절 계발참수

爾時 大衆 聞佛所說父母恩德 垂淚悲泣
이시 대중 문불소설부모은덕 수루비읍

白佛言 世尊 我等今者 深是罪人 云何
백불언 세존 아등금자 심시죄인 운하

報得父母深恩 佛告弟子 欲得報恩 爲於
보득부모심은 불고제자 욕득보은 위어

父母 書寫此經 爲於父母 讀誦此經 爲
부모 서사차경 위어부모 독송차경 위

於父母 懺悔罪愆 爲於父母 供養三寶
어부모 참회죄건 위어부모 공양삼보

爲於父母 受持齋戒 爲於父母 布施修福
위어부모 수지재계 위어부모 보시수복

若能如是 則名爲孝順之子 不作此行 是
약능여시 즉명위효순지자 부작차행 시

地獄人
지옥인

第二節 阿鼻墮苦
제이절 아비타고

佛告阿難 不孝之人 身壞命終 墮阿鼻無
불고아난 불효지인 신괴명종 타아비무

間地獄 此大地獄 縱廣 八萬由旬 四面
간지옥 차대지옥 종광 팔만유순 사면

鐵城 周廻羅網 其地赤鐵 盛火洞燃 猛
철성 주회나망 기지적철 성화통연 맹

烈炎爐 雷奔電爍 洋銅鐵汁 流灌罪人
렬염로 뇌분전삭 양동철즙 유관죄인

鐵蛇銅狗 恒吐烟炎 燠燒煮炙 脂膏燋然
철사동구 항토연염 욱소자자 지고초연

苦痛哀哉 難堪難忍 鐵鏘鐵串 鐵鎚鐵戟
고통애재 난감난인 철장철찬 철추철극

劒刃刀輪　如雨如雲　空中而下　或斬或刺
검인도륜　여우여운　공중이하　혹참혹척

苦罰罪人　歷劫受殃　無時間歇　又令更入
고벌죄인　역겁수앙　무시간헐　우령경입

地獄中　頭戴火盆　鐵車分裂　腸肚骨肉
지옥중　두대화분　철거분열　장두골육

燋爛縱橫　一日之中　千生萬死　受如是苦
초란종횡　일일지중　천생만사　수여시고

皆因前身　五逆不孝　故獲斯罪
개인전신　오역불효　고획사죄

第三節　上界快樂
제삼절　상계쾌락

爾時　大衆　聞佛所說父母恩德　垂淚悲泣
이시　대중　문불소설부모은덕　수루비읍

告於如來　我等今者　云何報得父母深恩
고어여래　아등금자　운하보득부모심은

佛告弟子　欲得報恩　爲於父母　重興經典
불고제자　욕득보은　위어부모　중흥경전

是眞報得父母恩也　能造一卷　得見一佛
시진보득부모은야　능조일권　득견일불

能造十卷　得見十佛　能造百卷　得見百佛
능조십권　득견십불　능조백권　득견백불

能造千卷 得見千佛 能造萬卷 得見萬佛
능 조 천 권　득 견 천 불　능 조 만 권　득 견 만 불

緣此等人 造經力故 是諸佛等 常來擁護
연 차 등 인　조 경 력 고　시 제 불 등　상 래 옹 호

令使其人父母 得生天上 受諸快樂 永離
영 사 기 인 부 모　득 생 천 상　수 제 쾌 락　영 리

地獄苦
지 옥 고

第三編　流通分
제 삼 편　유 통 분

第一章　八部誓願
제 일 장　팔 부 서 원

爾時大衆 阿修羅 迦樓羅 緊那羅 摩睺
이 시 대 중　아 수 라　가 루 라　긴 나 라　마 후

羅伽 人非人等 天龍夜叉乾闥婆 及諸小
라 가　인 비 인 등　천 룡 야 차 건 달 바　급 제 소

王 轉輪聖王是諸大衆 聞佛所說 各發願
왕　전 륜 성 왕 시 제 대 중　문 불 소 설　각 발 원

言 我等 盡未來際 寧碎此身 猶如微塵
언　아 등　진 미 래 제　녕 쇄 차 신　유 여 미 진

經百千劫 誓不違於如來聖教 寧以百千
경 백 천 겁　서 불 위 어 여 래 성 교　녕 이 백 천

劫 拔出其舌 長百由旬 鐵犁耕之 血流
겁 발출기설 장백유순 철려경지 혈류

成河 誓不違於如來聖敎 寧以百千刀輪
성하 서불위어여래성교 녕이백천도륜

於自身中 左右出入 誓不違於如來聖敎
어자신중 좌우출입 서불위어여래성교

寧以鐵網 周匝纏身 經百千劫 誓不違於
녕이철망 주잡전신 경백천겁 서불위어

如來聖敎 寧以剉碓 斬碎其身 百千萬斷
여래성교 녕이좌대 참쇄기신 백천만단

皮肉觔骨 悉皆零落 經百千劫 終不違於
피육근골 실개영락 경백천겁 종불위어

如來聖敎
여래성교

第二章 佛示經名
제이장 불시경명

爾時阿難 白佛言 世尊 此經 當何名之
이시아난 백불언 세존 차경 당하명지

云何奉持 佛告阿難 此經 名爲大報父母
운하봉지 불고아난 차경 명위대보부모

恩重經 已是名字 汝當奉持
은중경 이시명자 여당봉지

第三章 人天奉持
제삼장 인천봉지

爾時大衆 天人阿修羅等 聞佛所說 皆大
이시대중 천인아수라등 문불소설 개대

歡喜 信受奉行 作禮而退
환희 신수봉행 작례이퇴

佛說大報父母恩重經 終
불설대보부모은중경 종

■ **保父母恩眞言**
　보 부 모 은 진 언

나모 사만다 못다남 옴 아아나 사바하
나모 사만다 못다남 옴 아아나 사바하
나모 사만다 못다남 옴 아아나 사바하
나모 사만다 못다남 옴 아아나 사바하
나모 사만다 못다남 옴 아아나 사바하
나모 사만다 못다남 옴 아아나 사바하
나모 사만다 못다남 옴 아아나 사바하

■ **多生父母往生淨土眞言**
　다 생 부 모 왕 생 정 토 진 언

나모 사만다 못다남 옴 싯데율이 사바하
나모 사만다 못다남 옴 싯데율이 사바하
나모 사만다 못다남 옴 싯데율이 사바하
나모 사만다 못다남 옴 싯데율이 사바하
나모 사만다 못다남 옴 싯데율이 사바하
나모 사만다 못다남 옴 싯데율이 사바하
나모 사만다 못다남 옴 싯데율이 사바하

■ 廻向偈 ■
회 향 게

願以此功德　　普及於一切　　我等與衆生
當生極樂國　　同見無量壽　　究竟成佛道

원컨대 이 공덕 무진법계에 회향하오니,
우리와 모든 중생들이 극락에 왕생하여
함께 아미타불 친견하고,
끝내는 부처 이루어 지이다.

■ 往生偈 ■
왕 생 게

원왕생 원왕생 극락에 왕생하여
아미타불 친견하고 마정수기 받기 원하오며,

원왕생 원왕생 아미타불회상에 참례하여
항상 향과 꽃을 공양 올리기 원하오며,

원왕생 원왕생 극락의 연화장세계에 왕생하여
자타가 일시에 성불하여 지이다.

발 원 문

- 사경일자: 불기   년   월   일
- 사 경 자:
- 사경감수:

연꽃같은 미소로
사랑담아 말하기

옮기고 엮은이 약력

배용원(裵勇元 字: 勇盛, 法名: 少欲知足)

- 庚辰生 대구 출생
- 경북대 사범대학 영어교육과 졸업
- 동 대학원 영어영문학과(문학석사)
- 고려대학교 대학원 무역학과 졸업(경영학 석사/경영학박사취득)
- 무역회사근무
- 서울시립대학교 경상대 학장/경영대학원 원장 역임
- 동 경상대학 무역학과/경영학부 교수 정년퇴임(무역학 전공)

【현재】 서울시립대학교 명예교수
【현재: **current**】
- Pool of Documentary Credit Experts, and also a member of Banking Commission, ICC, Paris(since 1997-);
- Editorial Advisory Board, Documentary Credit World, monthly journal of letter of credit law & practice(since 1998~);
- Invited Panelist, Annual Survey of Letter of Credit Law & Practice Conference by The Institute of International Banking Law & Practice, Inc.(since 2004~);
- Legal Advisory Council, The Institute of International Banking Law & Practice, Inc.(since 2006~);
- PAE.Ph.D.DC CONSULTANT, Chief Consultant(since 2007~)

【저서】 영문판 저서(English version), 《DOCUMENTARY CREDITS》(University of Seoul Press, March 2005; 서울시립대학교 출판부, 2005년 3월 발행)와 《무역영어》, 《신용장(개정판)》(2007년 무역경영사)외 저서 2권과 다수의 논문(우리말/English) 등.
- 佛書로는 《행복으로 가는 길》(2007년 출간), 《인과응보》(2008년, 출간). 《불설아미타경》(2010년, 출간), 《서방극락세계에 왕생하는 법문》(2010년, 출간).

【연락처】 e-mail: pyw1941@yahoo.co.kr, ywp4175@live.co.kr

天鼓사경시리즈-4
부모은중경(佛說大報父母恩重經)

초판 3쇄 발행일 ‖ 불기2557년(2013년) 5월 27일

역편자 ‖ 배용원
표지 및 본문디자인 ‖ 김지연
펴낸이 ‖ 김현회
펴낸 곳 ‖ 도서출판 하늘북

등록 ‖ 1999년 11월 1일(등록번호 제3000-2003-138)
주소 ‖ 서울시 서대문구 연희로 39다길 31
전화 ‖ 02-722-2322, 팩스 02-730-2646
E-mail ‖ hanulbook_1@naver.com

값 5800원
ISBN 978-89-90883-53-7 03220

※ 잘못된 책은 구입하신 곳에서 교환하여 드립니다.